■高等职业教育精品课示范性规划教材

校外顶岗实习指导手册

主　编　潘　燕

中国商业出版社

图书在版编目(CIP)数据

校外顶岗实习指导手册／潘燕主编. －北京：中国商业出版社，2015.9 （2020.9 重印）
ISBN 978－7－5044－8842－8

Ⅰ.①校… Ⅱ. ①潘… Ⅲ.①高等职业教育－教育实习－手册 Ⅳ.①G718.5－62

中国版本图书馆 CIP 数据核字(2015)第 018921 号

责任编辑:蔡　凯

中国商业出版社出版发行
010－63180647　www.c－cbook.com
（100053　北京广安门内报国寺 1 号）
新华书店经销
北京京丰印刷厂印刷
*　*　*　*　*
787 毫米×1092 毫米　16 开　6.5 印张　180 千字
2015 年 9 月第 1 版　2020 年 9 月第 2 次印刷
定价:26.80 元
*　*　*　*
（如有印装质量问题可更换）

前 言

高等职业教育是为社会经济发展培养高素质高技能的应用型人才的。工学交替、校企合作是被普遍采取的人才培养模式，实践教学所占的比例达到了总学时的40% ~60%。在实施顶岗实习人才培养的过程中，学生在校外实习的时间有10~12个月。在这段时间里学生可能由于较快地掌握了基本的服务技能，而对每天的重复性劳动感到厌倦，缺乏工作的积极性。对于学生的职业发展而言，经验的积累是很重要的。而经验的获得又不仅仅是一个时间问题。实际可能存在的问题是:一方面学生不一定有用理论联系实际来加强专业技能和理论知识学习的主动性;另一方面，企业的指导老师对于学生的指导不一定深入全面，而学校的指导老师往往又不能全程指导学生的实习过程。

为了解决学生在比较长时间的顶岗实习阶段遇到的上述问题，使学生不仅在专业技能上获得提高，而且在专业综合素养和职业可持续发展上奠定基础，笔者设计编写了这本《校外顶岗实习指导手册》。

本书的主要作用在于:

1. 指导作用。一方面是对学生的指导，通过归纳学生主要实习岗位的基本技能要求和服务规范，指导学生按照规范和标准化的要求进行各自岗位的业务工作，同时指导学生通过实践联系理论来提高专业的理论认识水平;另一方面是对指导老师的指导，规范教师指导学生的内容和方法。

2. 互动沟通作用。通过学生对设计问题的回答和教师对指导书的审阅，教师可以了解到学生实习中的收获和遇到的问题，及时加强与学生的沟通和交流，引导学生正确处理实习中遇到的问题。

3. 借鉴参考作用。通过介绍相应岗位上其他人和其他企业的工作方法，给学生在各自岗位上的工作提供经验借鉴，启发他们的思考，使他们能够尽快提高业务技能和专业水平。

4. 规范作用。尽管学生是在不同的单位、不同的岗位实习，但有了实习指导书，就是有了规范性的实习要求，可以保证校外顶岗实习的整体质量。

本书由江西工业贸易职业技术学院潘燕教授主笔，在编写中得到了宁波东钱湖恒元酒店、江西前湖迎宾馆、杭州锐拓科技有限公司、福建三和实业有限公司、上海仙茶美文化咨询有限公司等多家企业及领导的建议和指导，在此表示感谢！

当然，由于水平有限，不足之处敬请批评指正，以便本书进一步完善。

编者

2020 年 9 月

目 录

安全事项

由于顶岗实习工作的需要，同学们要离开自己的熟悉的学校生活环境，到陌生的环境按照实习单位的要求独自完成工作任务。同学们的安全问题是学校和老师们最为关心和担忧的。为了同学们的安全，请在进入实习单位之前阅读以下安全注意事项。

一、不要单独离开实习单位，休息时间出行要结伴而行，并告知领导或同事。

二、遵守交通规则，不闯红灯，不翻越栅栏，远离不安全场所。

三、统一住宿在单位安排的宿舍，不在外留宿。

四、使用电器要注意安全，特别是使用淋浴时要断电，使用燃气要及时关闭阀门，取暖要注意防火。

五、个人贵重物品妥善保管，随身现金不宜太多，下夜班不要单独回宿舍。

六、不要擅自下水游泳戏水。

七、工作中要时刻注意安全隐患问题，按照规范操作，不要擅自行事；对水、电、气、火等安全因素和锋利，尖锐等器物可能带来的身体损伤要有预见性；运用体力要量力而行，不可蛮干；注意地板湿滑，以防滑倒；注意滚烫的食物和器物，以防烫伤。

八、如遇陌生人求助，要注意辨别真伪或联系警察处理。

九、不要乘坐非法营运的交通工具。

十、知道遇到火灾、水灾、地震等灾害时应采取的逃生方法。

十一、保持必要的克制，尽量避免与他人发生肢体上的冲动。如遇他人威胁，要马上报告单位、老师或警察。

十二、实习单位、个人电话、住宿地点等信息的变更要及时告知学校实习指导老师和辅导员。

以上安全事项我已经阅读，将会时刻注意自己的安全问题。

本人签名：__________

实习生基本情况表

<table>
<tr><td>姓 名</td><td colspan="2"></td><td>专业班级</td><td></td><td rowspan="3">贴照片处
（一寸）</td></tr>
<tr><td>性 别</td><td colspan="2"></td><td>是否戴眼镜</td><td></td></tr>
<tr><td>身 高</td><td colspan="2"></td><td>个人电话</td><td></td></tr>
<tr><td>个人邮箱</td><td colspan="5"></td></tr>
<tr><td>实习单位及岗位</td><td colspan="5"></td></tr>
<tr><td>实习指导老师</td><td colspan="5"></td></tr>
<tr><td>家庭详细地址</td><td colspan="5"></td></tr>
<tr><td>家长姓名</td><td></td><td>联系电话</td><td colspan="3"></td></tr>
<tr><td rowspan="2">实习地亲友姓名</td><td rowspan="2"></td><td>地址</td><td colspan="3"></td></tr>
<tr><td>电话</td><td colspan="3"></td></tr>
<tr><td>特长爱好（英语等级、获奖……）</td><td colspan="5"></td></tr>
<tr><td>备 注</td><td colspan="5"></td></tr>
</table>

项目一　熟悉环境 融入企业

磨刀不误砍柴工！

不打无准备之仗！

学习目标

逐步适应实习单位的生活和工作节奏，实现从学生到行业从业人员的转变。

实习时间

4 周

实习内容

一、实习单位基本情况

单位全称：____

单位所在地址：____________________________________

邮政编码：____

单位电话：____

单位性质：企业单位 □　　事业单位 □　　政府机关 □　　其他 □

企业单位所有制性质：

企业规模（包括投资规模、设备实施数量、从业人员数量、年营业收入等）：

____

____

____

____

____

____

____

（以上内容在上岗 2 周内完成）

二、上岗培训

培训内容：

有关实习单位基本情况的介绍（包括培训老师、培训时间、培训方式和培训主要内容）	
培训老师	姓名： 职务：
培训方式	集中讲授□ 实地参观□ 观看资料片□ 其他□ ________
培训时间	
主要内容	

有关实习单位管理制度的培训，即培训时间、培训方式、培训内容（员工手册的主要内容：奖惩制度、薪酬福利制度、劳动用工制度）以及自己对制度的认识和看法。	
培训时间	
培训方式	
奖惩制度	

续表

薪酬福利制度	
劳动用工制度	
我对这些制度的认识和看法	
有关岗位技能的培训(包括岗位名称、岗位服务流程和规范、培训教室和培训时间。)	
岗位名称	

续表

岗位服务工作的流程	
岗位服务工作的规范与要求	
培训教师的基本情况	
培训时间	

（以上内容在培训结束后或到岗 2 周后完成）

三、岗位关系情况

我的岗位名称：________________

我的上级是：________________ 他(她)的联系电话是：________________

我的部门经理是：________________ 他（她）的联系电话是：________________

我的人力资源部经理是：__________ 他（她）的联系电话是：________________

我的人事工作主管是：________________

我们的总经理是谁：________________

我们的董事会成员是：________________

我还知道的其他部门经理是：________________
(以上是内容在上岗 2 周后完成)

四、上岗初体验(包括适应环境，了解企业、工作熟练程度以及角色转变等情况)

实习一个月后，我的主要收获
实习一个月后，我的主要不足

温馨提示：

◆不要认为听从管理,认真做事就会得到企业的认可,忽略了企业文化的重要性,只有领会了企业文化的精髓,你才能真正融入到企业中去。

◆你对企业文化的了解要渗透在工作中,不要片面地认为查看了企业网站,知道了企业的一些情况就对企业了解了,企业文化是一种理念,是在无形中得以诠释的。

行动指导：

记录实习日志的意义：

(1)促进实习者的观察。记录实习日志的目的之一是促使实习生在实习过程中，能够细心观察、多听多问、着意感受，锻炼实习生敏锐的观察力，同时也为以后的学习和工作积累更多的资料。

(2)为撰写总结积累素材。好记性不如烂笔头，一些灵感和启发如果不及时记录下来便会稍纵即逝。只要肯做个有心人，留意实践过程中的一些实践细节，随时把自己的疑问记录下来，对它们持久地观察、思索，加以理性地探讨，之后，找到最佳的解决方案。留意身边的问题，并且学会思索、研究其中的规律，然后得出结论，才会形成有实际意义和实践价值的课题。

(3)有利于提高业务素质。在每天的具体工作中，为什么要这么做，具体怎么做，要达到什么目的，这些本来存在于头脑中的思路和方法，都将体现在实习日志中。

(4)实习日志是校企双方综合评价学生实习效果和成绩的依据。对校方而言，实习日志的重要作用还在于为今后的实践性教学改革提供反馈，为实际模式的不断完善提供依据。

记录实习日志的目的：

(1)实习日志是实习者本人记录实习工作情况和积累专业实践知识的一种方式和方法，也是考核实习成绩的重要依据。

(2)实习日志是实习者积极、主动地对自己的实践活动真实的记录和描写，并在此基础上不断消化吸收、增长技能，促进自身专业发展的一种手段。

(3)实习日志是记录学生学习过程，是对实践活动进行回顾与反思，进而调整自己实践行为的一种有效工具。

五、学生实习日志

学生实习日志

第____周(______年____月____日—______年____月____日)

时间	实习内容及体会
周一	
周二	
周三	
周四	
周五	
周六	
周日	
本周心得体会	
企业指导师傅评语	
学校指导教师评语	

学生实习日志

第____周（______年____月____日—______年____月____日）

时间	实习内容及体会
周一	
周二	
周三	
周四	
周五	
周六	
周日	
本周心得体会	
企业指导师傅评语	
学校指导教师评语	

学生实习日志

第____周（______年____月____日—______年____月____日）

时间	实习内容及体会
周一	
周二	
周三	
周四	
周五	
周六	
周日	
本周心得体会	
企业指导师傅评语	
学校指导教师评语	

学生实习日志

第____周（______年____月____日—______年____月____日）

时间	实习内容及体会
周一	
周二	
周三	
周四	
周五	
周六	
周日	
本周心得体会	
企业指导师傅评语	
学校指导教师评语	

学生实习日志

第____周(______年____月____日—______年____月____日)

时间	实习内容及体会
周一	
周二	
周三	
周四	
周五	
周六	
周日	
本周心得体会	
企业指导师傅评语	
学校指导教师评语	

学生实习日志

第____周（______年____月____日—______年____月____日）

时间	实习内容及体会
周一	
周二	
周三	
周四	
周五	
周六	
周日	
本周心得体会	
企业指导师傅评语	
学校指导教师评语	

项目二　熟悉业务 提升技能

吃别人所不能吃的苦，忍别人所不能忍的气，做别人所不能做的事，才能享受别人所不能享受的一切！

在职场中，眼泪并不能代表什么，这个世界之所以灿烂，不是因为阳光，而是因为你的微笑！

学习目标

适应工作环境，集中注意力于自己的业务工作。发现差距、努力克服不足、准确掌握服务技能，成为熟练员工。

实习时间

8 周

实习内容

一、实际工作的具体做法

我的岗位	
我的岗位工作流程描述	
比较	我实际的岗位工作流程与专业学习的岗位流程： A. 完全符合 □ B. 基本符合 □ C. 基本不符 □ D. 完全不符 □
产生差异的原因	□A. 企业管理规范不完善，没有严格的操作流程和质量指标； □B. 企业对制度的工作流程和规范检查执行不严，员工自行其是； □C. 理论上过于繁琐，实际工作需要简单明了，员工怎么方便怎么做 □D. 其他：______________

二、岗位技能提升的途径

(一)在上岗初期，我的岗位工作存在的主要问题是：

□动作不熟悉，速度比较慢

□体力跟不上

□不知道该干什么，需要有老员工指挥

□比较紧张

□语言表达欠佳，与工作对象交流比较困难

□心态，感觉岗位工作档次比较低，没有前途

□其他：________________________________

（二）经过2－3个月的实习后，我存在的问题：

已经解决了的事：____

尚未解决的事：____

可能永远都不能解决的事：____

____

____

（三）我的岗位技能提高途径是：

来自于企业培养方面采取的措施	(1) (2) (3) (4)
来自于个人努力的措施	(1) (2) (3) (4)

(四)我对我的岗位不满意，是因为：

□职位低下，怕被人瞧不起

□工作辛苦，我吃不消

□工作环境脏、乱、差

□待遇差

□什么东西也学不到

(如果满意，不填此项)

三、岗位技能得到提升的主要表现

□我已经熟练掌握了岗位流程和规范

□我能自如地与工作对象交流

□我得到了领导和工作对象的表扬

□我能够熟练操作各种设备和工具

□我对各种相关岗位知识知道得非常清楚

□我能主动向工作对象推荐产品和服务，并经常获得成功

□在工作岗位上我每天能面带自信的微笑

□遇到顾客不满和投诉，我都能独自处理好

□ ______________________________

□ ______________________________

□ ______________________________

(还有吗？想一想自己的变化)

四、岗位工作案例

【案例一】

岗位工作案例事实经过描述	
成功或失败的原因	
得到的启示	

【案例二】

岗位工作案例事实经过描述	
成功或失败的原因	
得到的启示	

【案例三】

岗位工作案例事实经过描述	
成功或失败的原因	
得到的启示	

五、我还要提升的岗位技能

通过这一段时间的实习锻炼，我在 ________ 等方面都取得了较大的进步，但在 ________ 方面还存在不足，将在下一阶段实习中争取克服。

本人签名：

六、我对岗位工作的看法

□工作很简单，谁都可以做

□工作很低下，没有办法才去从事

□工作是有艺术性的

□好的岗位工作可以使自己得到自信，获得满意

□好的工作是需要不断积累的

□为别人提供了热情周到的服务，我感到很愉快

□我的工作就是吃青春饭

□ ____

□ ____

□ ____

温馨提示：

◆顶岗实习生身份有双重性，应既接受学校的管理又接受实习单位的管理。

◆在顶岗实习中有问题要多与企业指导师傅、学校实习指导老师联系，他们会帮你排忧解难。

七、学生实习日志

学生实习日志

第____周(______年____月____日—______年____月____日)

时间	实习内容及体会
周一	
周二	
周三	
周四	
周五	
周六	
周日	
本周心得体会	
企业指导师傅评语	
学校指导教师评语	

学生实习日志

第____周(______年____月____日—______年____月____日)

时间	实习内容及体会
周一	
周二	
周三	
周四	
周五	
周六	
周日	
本周心得体会	
企业指导师傅评语	
学校指导教师评语	

学生实习日志

第____周（______年____月____日—______年____月____日）

时间	实习内容及体会
周一	
周二	
周三	
周四	
周五	
周六	
周日	
本周心得体会	
企业指导师傅评语	
学校指导教师评语	

学生实习日志

第____周(______年____月____日—______年____月____日)

时间	实习内容及体会
周一	
周二	
周三	
周四	
周五	
周六	
周日	
本周心得体会	
企业指导师傅评语	
学校指导教师评语	

学生实习日志

第____周(______年____月____日—______年____月____日)

时间	实习内容及体会
周一	
周二	
周三	
周四	
周五	
周六	
周日	
本周心得体会	
企业指导师傅评语	
学校指导教师评语	

学生实习日志

第____周(______年____月____日—______年____月____日)

时间	实习内容及体会
周一	
周二	
周三	
周四	
周五	
周六	
周日	
本周心得体会	
企业指导师傅评语	
学校指导教师评语	

学生实习日志

第____周(______年____月____日—______年____月____日)

时间	实习内容及体会
周一	
周二	
周三	
周四	
周五	
周六	
周日	
本周心得体会	
企业指导师傅评语	
学校指导教师评语	

学生实习日志

第____周(______年____月____日—______年____月____日)

时间	实习内容及体会
周一	
周二	
周三	
周四	
周五	
周六	
周日	
本周心得体会	
企业指导师傅评语	
学校指导教师评语	

学生实习日志

第____周(______年____月____日—______年____月____日)

时间	实习内容及体会
周一	
周二	
周三	
周四	
周五	
周六	
周日	
本周心得体会	
企业指导师傅评语	
学校指导教师评语	

学生实习日志

第____周(______年____月____日—______年____月____日)

时间	实习内容及体会
周一	
周二	
周三	
周四	
周五	
周六	
周日	
本周心得体会	
企业指导师傅评语	
学校指导教师评语	

项目三　熟悉业务 探索管理

只要你不急着放弃，职业就不会放弃你。先就业再择业，并不是说第一份工作不重要，恰恰相反，它相当重要，因为它至少决定了今后你的发展平台和人生视野。

学习目标

分析实习单位经营管理的基本情况，逐步培养和形成职业核心能力。

实习时间

18 周以上

实习内容

一、企业经营管理的发现与探索

1. 请为你的实习企业写一份约 300 字的简介。

温馨提示：

◆心态决定命运！修炼出好的职场心态能够帮助你在职场中做到处惊不乱，工作起来得心应手，这是你在职场中得到长足发展的基础。

2. 请画出你的实习单位的组织结构图

温馨提示：

◆今天工作不努力，明天努力找工作。

◆工作就是人生的价值，人生的欢乐，也是幸福之所在。

◆只有比别人更早、更勤劳地努力，才能尝到成功的滋味。

3. 列举出你所在的实习单位有哪些管理制度或者缺少哪些管理制度。

4.写出你所在实习单位员工手册的主要内容。如果没有，请为其设计一份简要的员工手册。

5. 在你实习期间，企业开展了哪些类型的培训？这些培训对你的工作产生了什么作用？

温馨提示：

李开复认为学习有以下四种境界:
◆熟能生巧:经过练习掌握课本上的内容,知道问题的答案。
◆举一反三:具备了思考的能力,掌握了学习的方法,能够知其然,也知其所以然。
◆无师自通:掌握了自学、自修的方法,无师亦可以自主学习。
◆融会贯通:可以将学到的知识灵活运用于生活和工作实践,懂得做事与做人的道理。

6. 在实习期间，你是否感受到了企业对员工所采取的激励措施？有什么效果？

7. 对于你们的工作表现，你的主管或经理是否对你和你的同事进行过有针对性的谈话？请你谈谈看法？

他（她）：□只有表扬　　□无批评，也无表扬

□只有批评

□有批评，也有表扬

他（她）对我们的表现有针对性的谈话	他（她）对我们的表现没有针对性的谈话
谈话时间的评价：	建议：
谈话地点的评价：	
谈话方式和内容的评价：	

8. 从你的主管、经理或者老总身上，在企业经营管理方面你学到哪些经验？吸取了什么教训（从专业素养、组织能力、决策能力、思维能力、领导风格等方面）？

我学习到的：
我应当避免的：

温馨提示：

◆顶岗实习是不同于课堂教学的另一种方式的学习。

◆顶岗实习不仅能强化专业能力，更能提高适应社会的能力。

◆实习期间，要虚心接受指导，不怕“丢面子”，才能学到书本上学不到的知识。

9. 概括描述一下你所在企业的企业文化。

企业的目标、愿景、宣传口号等：

你对实习单位企业文化的整体感受：

10. 你所在实习单位的主要服务对象是哪些人群？针对这些人群，企业在服务产品的提供上有哪些针对性的做法？

主要服务对象	
服务产品的针对性	
如果以上均不明显，你对企业的建议	

11. 实习期间，你所在的单位举行了哪些公关活动？目的是什么？效果是什么？如果没有举行，谈谈你的设想。

12. 你所在的实习单位在经营中采取了哪些促销措施？你认为有哪些成功之处与不足之处？你对此有何更好的建议？

企业采取的促销措施：

成功与不足：

建议：

13. 请你简要描述一下实习单位开展营销工作的主要思路和做法。

14. 请举例说明宏观经济和社会环境因素对你所在实习单位经营情况带来的影响。

15. 请就你所在的实习单位的薪酬福利制度和用人制度做一个简要的评述。

温馨提示：

◆ 以德为先，务实为本；良好的团队精神，扎实的知识技能，认同企业文化，发展才有潜力。

◆企业把职业道德、责任感放在首要的位置，同时关注员工的岗位技能、沟通技巧、忠诚度、进取心、创新能力等。

◆企业对同学们的要求不仅体现在技能高低上，更主要的是对人品和综合素质的考量。

16. 通过实习和以上的认识，请对自己是否具有管理者的素质和能力做一个自我评价。

温馨提示：

团队合作能力的培养应注意以下几点：

◆充分认识自我和他人。

◆充分地信任和尊重。

◆具有责任感与奉献精神。

◆保持足够的谦虚。

二、学生实习日志

学生实习日志

第____周(______年 ____月 ____日— ______年 ____月 ____日)

时间	实习内容及体会
周一	
周二	
周三	
周四	
周五	
周六	
周日	
本周心得体会	
企业指导师傅评语	
学校指导教师评语	

学生实习日志

第____周(______年____月____日—______年____月____日)

时间	实习内容及体会
周一	
周二	
周三	
周四	
周五	
周六	
周日	
本周心得体会	
企业指导师傅评语	
学校指导教师评语	

学生实习日志

第____周(______年 ____月 ____日—______年 ____月 ____日)

时间	实习内容及体会
周一	
周二	
周三	
周四	
周五	
周六	
周日	
本周心得体会	
企业指导师傅评语	
学校指导教师评语	

学生实习日志

第____周(______年____月____日—______年____月____日)

时间	实习内容及体会
周一	
周二	
周三	
周四	
周五	
周六	
周日	
本周心得体会	
企业指导师傅评语	
学校指导教师评语	

学生实习日志

第____周(______年____月____日—______年____月____日)

时间	实习内容及体会
周一	
周二	
周三	
周四	
周五	
周六	
周日	
本周心得体会	
企业指导师傅评语	
学校指导教师评语	

学生实习日志

第____周(______年____月____日—______年____月____日)

时间	实习内容及体会
周一	
周二	
周三	
周四	
周五	
周六	
周日	
本周心得体会	
企业指导师傅评语	
学校指导教师评语	

学生实习日志

第____周(______年____月____日—______年____月____日)

时间	实习内容及体会
周一	
周二	
周三	
周四	
周五	
周六	
周日	
本周心得体会	
企业指导师傅评语	
学校指导教师评语	

学生实习日志

第____周（______年____月____日—______年____月____日）

时间	实习内容及体会
周一	
周二	
周三	
周四	
周五	
周六	
周日	
本周心得体会	
企业指导师傅评语	
学校指导教师评语	

学生实习日志

第____周（______年____月____日—______年____月____日）

时间	实习内容及体会
周一	
周二	
周三	
周四	
周五	
周六	
周日	
本周心得体会	
企业指导师傅评语	
学校指导教师评语	

学生实习日志

第____周(______年____月____日—______年____月____日)

时间	实习内容及体会
周一	
周二	
周三	
周四	
周五	
周六	
周日	
本周心得体会	
企业指导师傅评语	
学校指导教师评语	

学生实习日志

第____周(______年____月____日—______年____月____日)

时间	实习内容及体会
周一	
周二	
周三	
周四	
周五	
周六	
周日	
本周心得体会	
企业指导师傅评语	
学校指导教师评语	

学生实习日志

第____周(______年____月____日—______年____月____日)

时间	实习内容及体会
周一	
周二	
周三	
周四	
周五	
周六	
周日	
本周心得体会	
企业指导师傅评语	
学校指导教师评语	

学生实习日志

第____周（______年____月____日—______年____月____日）

时间	实习内容及体会
周一	
周二	
周三	
周四	
周五	
周六	
周日	
本周心得体会	
企业指导师傅评语	
学校指导教师评语	

学生实习日志

第____周(______年____月____日—______年____月____日)

时间	实习内容及体会
周一	
周二	
周三	
周四	
周五	
周六	
周日	
本周心得体会	
企业指导师傅评语	
学校指导教师评语	

学生实习日志

第____周(______年____月____日—______年____月____日)

时间	实习内容及体会
周一	
周二	
周三	
周四	
周五	
周六	
周日	
本周心得体会	
企业指导师傅评语	
学校指导教师评语	

学生实习日志

第____周(______年____月____日—______年____月____日)

时间	实习内容及体会
周一	
周二	
周三	
周四	
周五	
周六	
周日	
本周心得体会	
企业指导师傅评语	
学校指导教师评语	

学生实习日志

第____周(______年____月____日—______年____月____日)

时间	实习内容及体会
周一	
周二	
周三	
周四	
周五	
周六	
周日	
本周心得体会	
企业指导师傅评语	
学校指导教师评语	

学生实习日志

第____周(______年____月____日—______年____月____日)

时间	实习内容及体会
周一	
周二	
周三	
周四	
周五	
周六	
周日	
本周心得体会	
企业指导师傅评语	
学校指导教师评语	

学生实习日志

第____周(______年____月____日—______年____月____日)

时间	实习内容及体会
周一	
周二	
周三	
周四	
周五	
周六	
周日	
本周心得体会	
企业指导师傅评语	
学校指导教师评语	

学生实习日志

第____周(______年____月____日—______年____月____日)

时间	实习内容及体会
周一	
周二	
周三	
周四	
周五	
周六	
周日	
本周心得体会	
企业指导师傅评语	
学校指导教师评语	

项目四　总结思考 自我认知

总结经验和教训是为了做得更好！

考核是为了明确你所站的高度！

学习目标

撰写实习总结；

校企联合考核。

实习内容

一、撰写实习总结

1. 个人实习总结主要包括以下几方面内容：

(1)实习地点、单位以及实习单位的基本情况；

(2)主要实习目的；

(3)概述实习方式及任务的完成情况；

(4)详述个人完成的主要工作和取得的业务成绩；

(5)检查自己的实习态度，遵守纪律的情况及存在的缺点，思想和认识上取得的收获和形成的体会；

(6)企业对人才素质的要求；

(7)对实习的意见和建议。

2. 实习总结不少于2000字。

个人实习总结

二、校企联合考核

校企联合考核是指顶岗实习期满，由学校和企业联合组成实习生鉴定小组，对每个实习生进行考核。用考核分数来确定实习成绩，考核后将考核材料上交专业系备案。

综合实习鉴定表

<table>
<tr><td>实习生姓名</td><td colspan="2"></td></tr>
<tr><td colspan="3">实习时间：_____年 ____ 月 ____日起至 _____ 年 ____ 月 ____ 日止</td></tr>
<tr><td colspan="3">实习期工作情况</td></tr>
<tr><td>起止时间</td><td>实习部门(单位)</td><td>主要实习工作岗位</td></tr>
<tr><td></td><td></td><td></td></tr>
<tr><td>主要工作成绩及奖惩情况</td><td colspan="2"></td></tr>
</table>

温馨提示：

◆ 内不欺己，外不欺人（弘一大师语）。实事求是地填写顶岗实习鉴定表对于每一位同学来说都是一次很好的回顾，以及一次经验教训的总结和自我的提升。

◆ 才者，德之资也；德者，才之帅也（《资治通鉴·周纪》）。校企联合考核小组对于实习生的鉴定是方方面面的，包括思想品德、技能、团队合作、人际交往等。

（以下由实习单位考评）

请结合实习生在实习期以下方面的表现，实事求是写出您的鉴定意见(在您的意见上打“ √”)：A. 优秀：90 － 100 分；B. 良好：80－89 分；C. 中等：70－79 分；D. 及格：60－69 分；E. 不及格：59 分以下。

求知方面	A	B	C	D	E
愿意接受新的信息与知识					
积极向同事请教新知识、新技能					
对新信息与新知识的接受能力较强					
对新知识的实践能力较强					
提出了新的服务技能及观点					
其他(说明情况)：					

请简要评述您认为实习生在求职方面的情况：

工作方面	A	B	C	D	E
准时上班，按规定下班					
注意服饰、礼节礼貌等细节					
正确使用对客人的服务技能					
工作效率较好					
工作效益较好					
积极学习如何完成工作任务					
积极寻找问题的解决方法					
服从主管的指示					
正确对待加班					
承受压力的能力					
不能按班次上班时提前申请及请示					
遇到困难时积极向同事请求帮助					
较好的团队合作精神					
乐于助人(同事及顾客)					
其他(请说明)：					

请简要评述您认为实习生在求知方面的情况：

你的总鉴定意见（只选"√"一个）：				
A	B	C	D	E

实习单位盖章（盖章有效）：　　　　签名：

年　　月　　日

未来您是否愿意聘用此实习生？　　是　　不是

请您对我校的实习安排及管理提出宝贵的意见：

综合实习总成绩表

（备注：此表内的内容由实习指导老师负责填写）

1. 实习单位鉴定成绩（40%）：________________

2. "实习报告"成绩（30%）：________________

评分内容	得分
论文完成的准时性（20分） 文章结构的清晰性（20分） 研究问题的新颖性和意义性（40分） 对问题解决的思考性及可行性（20分）	
总分	

3. "实习周志"成绩（30%）：

评分标准	得分
记录的次数（30分） 内容的充实性（40分） 对相关问题的分析及思考（30分）	
总分	

综合实习总成绩：________________

实习指导老师签名：________________

年　　月　　日

专业系审核意见：

年　　月　　日

注：优秀：90 － 100分；良好：80－89分；中等：70－79分；及格：60－69分；不及格：59分以下。

附录

附录 1

江西工业贸易职业技术学院
学生顶岗实习管理规定

第一章　总则

第一条　根据《国务院关于大力发展职业教育的决定》及学院《江西工业贸易职业技术学院关于加强就业工作与顶岗实习管理的若干意见》文件精神，学院将大力推动校企合作及学生集中顶岗实习工作，为加强学生顶岗实习工作，特制定本规定。

第二条　本规定适用于学生顶岗实习、工学交替实习的管理。

第三条　顶岗实习目的是引导学生理论联系实际，使学生拓宽视野，增强学生对社会和专业背景的了解；获得实际工作岗位的知识和技能，进一步巩固学生的专业理论知识，培养学生综合运用所学知识分析问题和解决问题的能力，锻炼和提高学生的实践动手能力和创新能力；增强劳动观念，培养学生的敬业、创业和合作精神。

学生顶岗实习是毕业设计和考核的必要环节，顶岗实习成绩必须与毕业资格相挂钩。学院通过引导学生顶岗实习顺利走上工作岗位。

第二章　组织管理

第四条　专业系可根据各专业的不同特点，决定采取顶岗实习的方式方法，务必使学生通过顶岗实习进一步强化专业技能培养，熟悉顶岗实习环境，并确保学生实习质量。

第五条　学生顶岗实习前，专业系要向学生明确批次实习单位及实习计划安排。专业系应尽量邀请实习单位直接与学生面对面交流，阐述企业的概况，宣讲企业的文化，说明学生所顶岗位的特点及顶岗报酬，并对学生急需了解的问题作出解答。要与企业签订顶岗实习协议，详细明确实习期间各类事项，并将统一顶岗实习的通知告知学生家长。

第六条　要建立顶岗实习指导教师制度。每个集中顶岗实习班级，要派实习指导教师，可以驻点管理，也可以派人定期管理。从学生离校起直至学生实习结束，专业系要指定专人负责，实现“人员到位、管理到位、服务到位”，确保实习学生有问题可以随时得到解决。

第七条　专业系可以安排实习学生集中回学院进行毕业答辩，也可安排在实习单位进行毕业答辩。专业系一定要做好宣传及部署，确保学生安全离校、文明离校。

第八条　学生顶岗实习原则上不能突破一年时间。校企合作订单班按校企共同制订的教学计划执行，原则上不得少于四个学期的在校学习。未开展订单班教学的其它专业，须确保专业教学安排到第五学期的第十周或更长时间。

专业系每年 5 月制定学生顶岗实习安排报教务处。教务处根据顶岗实习安排，审批学生离校和安排车辆接送。

第三章　管理职责

第九条　实习指导教师职责

1. 做好顶岗实习前的准备工作，制订实习带队计划。

2. 指导、督促、检查实习生的实习工作，特别是做好实习生的心理及安全工作，及时处理实习中出现的具体问题。

3. 协调学生与实习单位之间的各种关系。

4. 督促实习生严格遵守实习管理规定和实习单位的规章制度，加强实习生的思想政治教育和遵纪守法教育，并及时向专业系反映实习学生情况。

5. 在实习单位配合下评定实习成绩。客观、公正地对每位学生完成实习任务情况进行全面考核，做出书面鉴定意见，评定学生成绩。

6. 督促指导学生做好顶岗实习总结。

7. 顶岗实习结束后要认真进行总结，对本次实习质量进行分析与评价，对今后的实习工作和教学改革提出意见和建议。

8. 收集学生实习总结、考核成绩。

第十条　顶岗实习学生的职责

1. 应配合专业系对该专业顶岗实习的总体安排，要服从企业的管理，遵守学院顶岗实习及企业岗位相关制度，服从企业、实习指导教师的领导。要有高度的安全防范意识，确保人身财产安全。不做损人利己、有损企业形象和学院声誉的事情。

2. 按照顶岗实习计划、工作任务和岗位特点，安排好自己的学习、工作和生活，发扬艰苦朴素的工作作风和谦虚好学的精神，培养独立工作能力，通过实习强化专业岗位及业务技能，完成各项工作任务。

3. 认真写好顶岗实习总结，顺利完成学业。个人实习总结主要包括以下几方面内容：

①实习地点、单位以及实习单位的基本情况；

②主要实习目的；

③概述实习方式及任务的完成情况；

④详述个人完成的主要工作和取得的业务成绩；

⑤检查自己的实习态度，遵守纪律的情况及存在的缺点，思想和认识上取得的收获和形成的体会；

⑥企业对人才素质的要求；

⑦对实习的意见和建议。

4. 对实习期间出现的情况与问题应及时向指导教师汇报，对于专业系安排顶岗实习不当的行为可直接向院校企合作办公室投诉。

第四章　实习纪律及考评

第十一条　遵守国家政策法令和《普通高等学校学生管理规定》、《高等学校学生行为准则》及我校的有关规章制度。

第十二条　认真学习顶岗实习的有关文件和各项规定，明确专业实习的目的，端正态度，切实做好实习的各项工作。

第十三条　顶岗实习时间按专业人才培养方案确定，每天按 8 节课教学时间折算。实习生必须按照专业系规定的时间进行专业顶岗实习，无故旷工一天按旷课 8 节处理，参照《学生违纪处分规定》第二十九条对累积旷工超过相应课时的给予处分处理。

第十四条　顶岗实习期间，实习生应遵守学院管理规定，须做到：不抽烟，不喝酒，不吸毒；不赌博、斗殴聚众闹事、罢工；不私自外出；不将异性和不熟悉的人随意带到实习地和宿舍留宿；服从实习教师指导、不侵占他（她）人利益、不破坏公共财物等。出现上述行为，实习生除应接受实习企业相关处罚外，可给予相应处分。

第十五条　实习生在实习期间应遵守用人单位假期管理，特殊情况必须请假时，必须事先办理请假手续。三天以内的假期由实习教师批准；三天以上的假期由系主任批；无特殊情况实习期间累计请假超过两周，则实习成绩认定为不及格，必须在事后补满实习期，方为实习合格。实习期间个人因患严重疾病，不能继续完成实习，须凭实习当地的医院诊断证明，按有关请假手续报专业系批准。

第十六条　顶岗实习期内出现闹罢工、与用人单位冲突等严重事件，组织发起者，专业系可视情节给予相应处分。因闹事造成的经济损失由参与者按责任分别承担。

第十七条　顶岗实习期内，对因违反企业纪律被企业退回学院的实习生，学院将据调查结果，视情节给予相应处分。

第十八条　在实习过程中，实习生严格按操作规程操作。如违反实习单位的有关安全措施而发生的一切安全责任，后果主要由实习生本人承担。

第十九条　顶岗实习期间，必须填写《实习情况登记表》，实习结束时交实习带队教师（实习队负责人），由实习指导教师统一交专业系，作为考核评价成绩。

第二十条　实习期间，对实习学生违反实习制度，可依据程度轻重给予警告、严重警告、记过、留校察看、开除学籍等处分，学院有权根据学生受处分情况作出延期毕业等处罚。

第二十一条　实习结束后，由用人单位和专业系共同评选优秀实习生，对于是优秀实习生要优先推荐到用人单位的管理岗位。

第二十二条　成绩考核评定

对实习生考核分三部分：一是企业对学生的考核，占总成绩的60%；二是专业系及实习指导教师对学生实习表现进行评价，占总成绩的40%。考核方式为等级制，分优秀、良好、合格和不合格四个等级，其中85分以上为优秀，75－84分为良好，60－74分为合格，60分以下为不合格。实习考核合格者获得学分，不合格者延期毕业。

实习结束后，提交一份实习成绩表到教务处，并与5月30日前输入到办公平台成绩管理系统。实习成绩表原则上需要实习企业人事部门主管签名（盖章）、带队老师签名、系部盖章。

第五章　附则

第二十三条　本规定自颁布之日起执行。

第二十四条　本规定由学院就业工作处、教务处解释执行。

附录 2

江西工业贸易职业技术学院
旅游商务系学生顶岗实习管理规定

根据《江西工业贸易职业技术学院学生顶岗实习管理规定》的文件要求，为更好地做好我系学生顶岗实习工作，特制定本规定。

第一章 总则

第一条 顶岗实习是职业教育教学过程中的重要环节，是其他各教学环节的继续、深化、补充和检验，是学生走上社会和上岗前全面提高职业能力的必经阶段。

第二条 顶岗实习的目的在于开阔学生的视野，使学生将所学知识及技能应用于岗位实践，熟悉自己将要从事的行业运行情况，较全面地获得本专业生产实际中最常用的技术知识、管理知识和实际操作技能；提高学生的职业素质和独立工作能力，激励学生的敬业、创业精神，为就业做好心理准备，为毕业后走向工作岗位打下扎实的基础。

第三条 为全面提高学生顶岗实习工作质量，坚持公正、公开、公平的原则，保证科学、严谨、顺畅的流程，达到责任明确、赏罚分明、各方满意的效果，根据用人单位的有关规章制度，结合学院和我系的实际情况，在总结多年学生顶岗实习工作经验教训的基础上，本着对用人单位负责，对学生负责的宗旨，特制定本规定。

第二章　组织管理

第四条　顶岗实习工作由系部进行协调，顶岗实习指导小组负责具体实施。

第五条　顶岗实习由系部、企业、学生三方共同参与完成。系部在三方中处于主导的地位，是一切活动的组织者，在整个运作过程中起着重要的作用，企业是三方中最关键的一方，学生必须接受系部安排和企业挑选。

第六条　我系各专业可根据各专业的不同特点，决定采取顶岗实习的方式方法，使顶岗实习工作适应当前形势，适应市场，利于学生就业，并确保实习质量。

第七条　各专业教研室根据所属专业班级情况，成立顶岗实习指导小组，指导小组是各专业顶岗实习的具体管理组织。小组成员由企业管理人员、系主任、教研室主任、专业带头人、专业教师、班主任、实习指导老师（实习带队老师）及实习队学生负责人共同组成。系主任为第一责任人，实习指导老师（实习带队老师）为直接责任人，负责具体事宜。

第八条　顶岗实习期间必须安排教师对学生进行管理。在同一单位顶岗实习的学生达到30人以上由我系安排1名带队老师直接管理，30人以下由我系根据情况安排或指定实习队负责人管理。毕业阶段学生较分散的顶岗实习必须给每个学生指定实习指导教师。

第三章　管理职责

第九条　顶岗实习指导小组职责

1. 负责与企业、行业的联系，拓宽学生顶岗实习和就业岗位的渠道。

2. 负责与企业协商实习协议书，并报学院批准。

3. 根据专业实践教学计划对顶岗实习教学的要求拟订各实习教学大纲。

4. 指派带队教师，检查顶岗实习教学质量，总结、交流实习教学经验。

5. 按要求上报与保管实习教学文档材料。

第十条　实习指导教师(实习带队老师)职责

1. 做好顶岗实习前的准备工作:了解实习生情况、实习的总体安排，制订实习带队计划。

2. 指导、督促、检查实习生的实习工作，特别是检查和维护实习生的安全状况。

3. 关心实习生的思想、工作、生活及身体健康，做好学生思想和管理工作。处理实习中出现的具体问题，应把师生安全、财产安全放在首位。

4. 做到事前有计划、有组织、有动员，明确目的、任务、要求、内容、方法、进程;事中有检查、有指导、有监督;事后有考核、有评定、有总结。要形成书面材料，并要加强协作配合，特别是与实习单位人员间的协作关系。

5. 督促实习生严格遵守实习管理规定和实习单位的规章制度，加强实习生的思想政治教育和遵纪守法教育，使实习生保持良好的心态和工作态度，在社会实践中磨练意志，树立正确的荣辱观、苦乐观、人生观、价值观和世界观。及时向实习指导小组反映和沟通学生情况。

6. 在实习单位配合下评定实习成绩。客观、公正地对每位学生完成实习任务情况进行全面考核，做出书面鉴定意见，评定学生成绩。

7. 督促指导学生做好顶岗实习周志和实习总结。

8. 顶岗实习结束后要认真进行总结，对本次实习质量进行分析与评价，对今后的实习工作和教学改革提出意见和建议。

9. 实习指导教师(实习带队老师)负责评定实习成绩，协助教研室主任办理企业教师聘任等工作。

第十一条　顶岗实习学生的职责

1. 顶岗实习的学生具有双重身份，既是一名学生，又是企业顶岗的一名员工，要服从企业和学校对顶岗实习的安排和管理，尊重企业的各级领导、实习指导教师和其他员工。要有高度的安全防范意识，切实做好安全工作。自觉遵守企业和学院的规章制度，做到按时作息，不迟到，不早退，不误工，不做损人利己、有损企业形象和院系声誉的事情。

2. 按照顶岗实习计划、工作任务和岗位特点，安排好自己的学习、工作和生活，发扬艰苦朴素的工作作风和谦虚好学的精神，培养独立工作能力，刻苦锻炼和提高自己的业务技能，按时按质完成各项工作任务。

3. 认真写好顶岗实习周志、实习总结，顺利完成学业。

(1)实习周志要求从实习开始至结束，每周一篇，每篇不少于400字，总计不少于24篇。

(2)个人实习总结主要包括以下几方面内容：

①实习地点、单位以及实习单位的基本情况；

②主要实习目的；

③概述实习方式及任务的完成情况；

④详述个人完成的主要工作和取得的业务成绩；

⑤检查自己的实习态度，遵守纪律的情况及存在的缺点，思想和认识上取得的收获和形成的体会；

⑥企业对人才素质的要求；

⑦对实习的意见和建议。

第四章　实习管理

第十二条　实习岗位工作要求：

1. 遵纪守法，遵守实习单位的规章制度和法律法规。

2. 必须服从实习指导教师和实习单位相关部门负责人的领导，遵守实习纪律和规定，服从工作安排，并按照实习要求完成实习任务。

3. 实习期间要有安全意识，注意保护自己的人身安全。

4. 实习生不得无故擅自中止实习协议或变更实习单位及岗位。对于违反实习单位规章制度和纪律、擅自终止或变更实习单位，造成严重后果及恶劣影响的学生，本人必须承担责任，学院不计实习学分，实习成绩不予及格，视情节按学院《学生违纪处罚规定》中的相关条款予以认定处理。

5. 实习生与实习单位出现意见分歧，应当及时、客观地向实习指导老师或系部反映。通过指导老师与实习单位协商解决，个人不得与实习单位发生冲突。

第十三条　顶岗实习时间按专业教学计划确定，每天按 8 节课教学时间折算。

第十四条　顶岗实习期间，实习生应做到：不抽烟，不喝酒，不吸毒；不赌博、斗殴聚众闹事、罢工；不私自外出；不将异性和不熟悉的人随意带到实习地和带进寝室；不侵占他人利益。出现上述行为，实习生除应接受实习企业相关处罚外，学院视情节按学院《学生违纪处罚规定》中的相关条款予以认定处理。

第十五条　实习生在实习期间原则上不得请假离开实习地(包括以补休、调休、补假等方式)，如有特殊情况必须请假时，必须事先办理请假手续。

1. 办理请假手续必须向专业系、实习企业提出书面申请，请假条中必须注明请假的原因、起止时间及家长、学生本人的联系方式，同时注明“学生在路途的费用和安全由家长和学生负责，并保证按期返回实习岗位”的说明。

2. 所有请假必须先向实习指导教师(实习带队老师)、实习单位直接上级征求初步意见后，将符合要求的请假条原件拍照或传真(系部传真：0791－83777939)给实习指导老师，实习指导老师必须与学生家长、实习单位直接上级电话确认后予以报批(一周内假期由专业教研室主任审批，超过一周假期由系主任审批)。审批后由就业干事盖章回复实习单位。

3. 所有假期必须得到专业系批准后方能生效。实习期间累计请假时间超过两周者，必须事后在原实习企业补足实习周数；超过一个月者，原则上按照休学处理。

4. 请假期满，必须及时向实习单位、实习指导教师（实习带队老师）销假。如需要续假，其手续与请假手续相同。

5. 实习期间个人因患严重疾病，不能继续完成实习，须凭实习当地的县级以上医院诊断证明，按有关请假手续报实习单位、系部批准。

6. 实习生请假的申请书（请假条）、医院证明及有关负责人审批意见必须存入就业档案以备查。

第十六条　顶岗实习期内，对因违反企业纪律被企业退回学院的实习生，学院将进行调查，视情节按照《学生违纪处罚规定》给予处分。

第十七条　在实习过程中，实习生严格按操作规程操作。如违反实习单位的有关安全措施而发生的一切不安全方面的问题，后果由实习生本人承担。

第十八条　顶岗实习期间，必须填写《学生顶岗实习指导手册》，实习结束时经实习单位评定成绩、盖章后统一交（寄）专业系，由实习指导教师考核评价成绩后统一归入系档案保管。无实习成绩者，不得申报毕业。

邮寄地址：江西省南昌市红角洲高校园区嘉言路699号江西工业贸易职业技术学院旅游商务系 就业干事（收）

邮编：330038

第二十二条　实习期间，实习生因纪律等原因受到记过及以上处分，毕业证延期发放。

第五章　考核与评价

第二十三条　考核原则

学生在顶岗实习期间接受学校和企业的双重指导，校企双方要加强对学生的工作过程控制和考核，实行以企业为主、学校为辅的校企双方考核制度。

第二十四条　成绩考核评定

1. 考核分三部分：一是企业指导教师对学生的考核，占总成绩的40%；二是实习指导教师（实习带队老师）对学生实习期间的表现进行评价，占总成绩的30%；三是顶岗实习指导小组依据学生实习周志、实习总结进行评价，占总成绩的30%。

2. 企业指导教师对学生的考核

学生的顶岗实习可以在不同单位或同一单位不同部门或岗位进行，企业要对学生在每一部门或岗位的表现情况进行考核，出示顶岗实习鉴定（主要从思想表现、工作态度、个人素质、劳动纪律、知识水平、实践能力、完成任务几个方面评价），并签字确认，加盖单位公章。

3. 实习指导教师（实习带队老师）对学生的考核

实习指导教师（实习带队老师）要依据学生在实习期间的遵纪守纪、安全意识等方面表现进行考核。

4. 顶岗实习指导小组对学生的考核

顶岗实习指导小组要综合学生的实习周志、实习总结、实习企业的评价等方面进行考核。

5. 考核方式为等级制，分优秀、良好、中等、合格和不合格五个等级，其中优秀:90 - 100 分；良好:80 - 89 分；中等:70 - 79 分；及格:60 - 69 分；不及格:59 分以下。实习考核合格者获得学分。

6. 企业、带队老师、实习指导小组评价均采用百分制评定。

第六章　附则

第二十五条　本规定自颁布之日起执行，适用于旅游商务系所属各专业。

第二十六条　本规定由学院旅游商务系解释执行。

附录 3

学生顶岗实习管理流程图

（仅供参考）

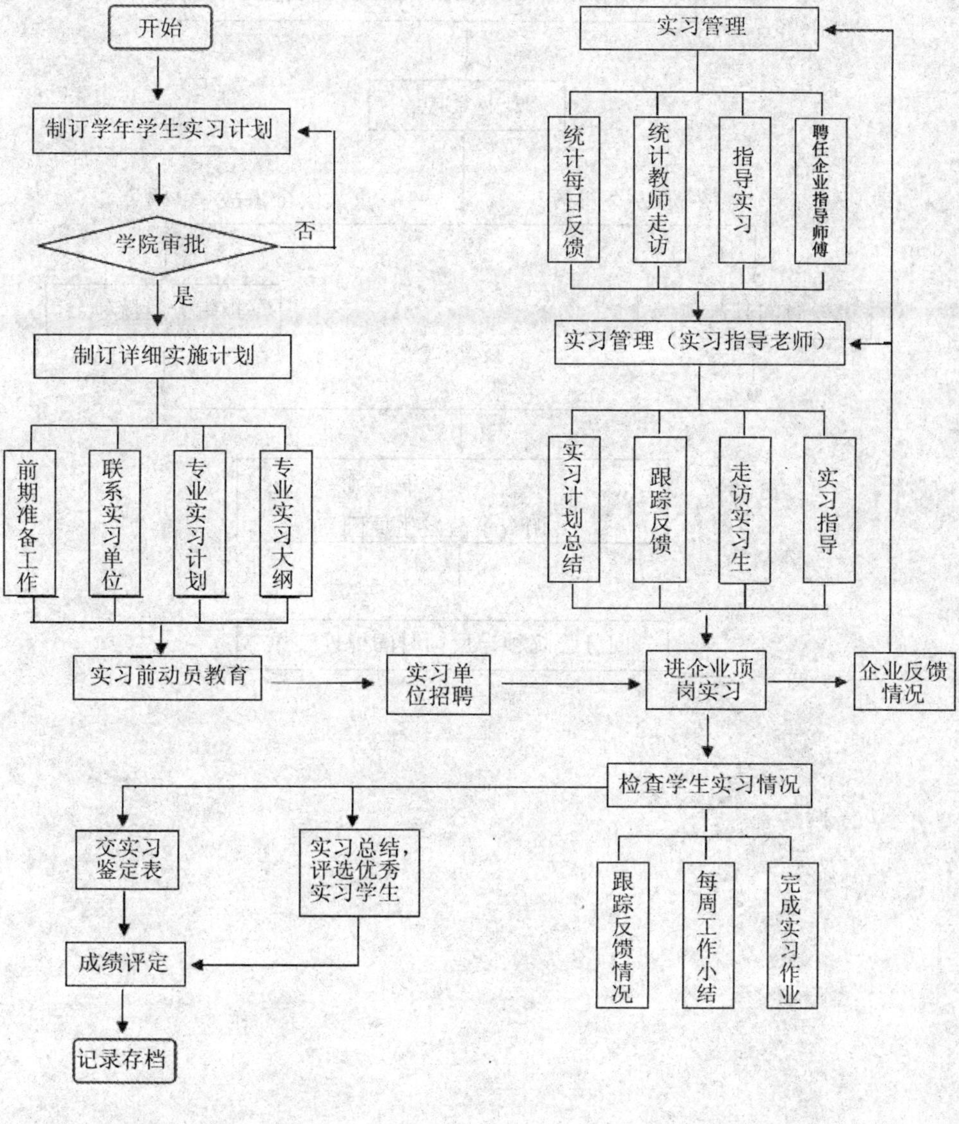

附录4

安全事故应急处理流程图

（仅供参考）

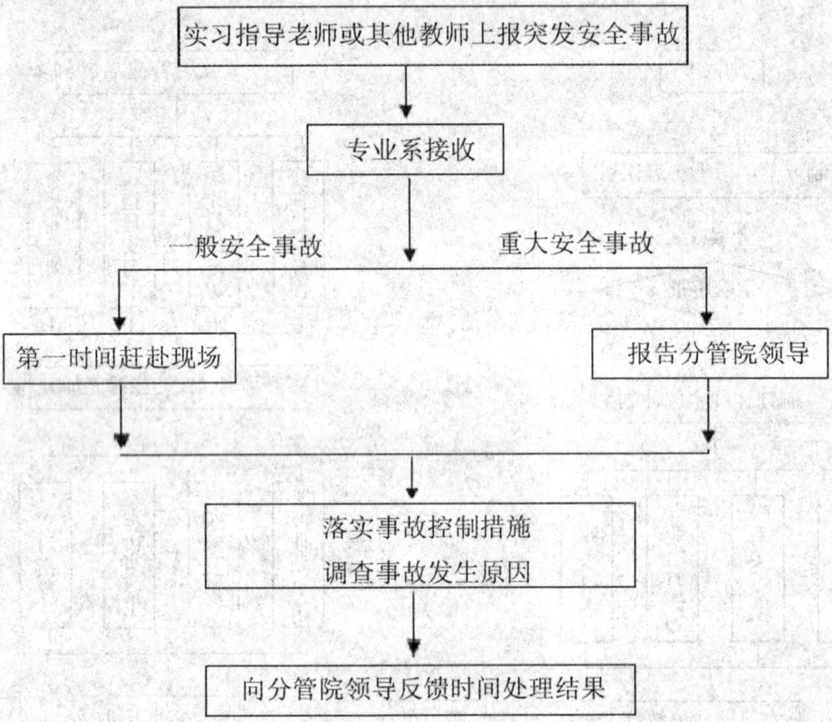